LA RÉPUBLIQUE ROUGE

JUSTIFIÉE.

Paris, — Imp. Lacrampe et Comp., rue Damiette, 2.

LA
RÉPUBLIQUE ROUGE

JUSTIFIÉE.

PAR É. DE LA BÉDOLLIÈRE.

PARIS

H. DUMINERAY et PAILLIER, ÉDITEURS,
52, RUE RICHELIEU,

1848

LA RÉPUBLIQUE ROUGE

JUSTIFIÉE.

La République blanche, ou, pour mieux dire, incolore, est victorieuse sur tous les points.

Maîtresse du terrain, elle lance à loisir l'anathème sur ses adversaires, et les signale à l'indignation publique. Chaque jour, les départements terrifiés apprennent de nouvelles infamies du *Parti Rouge*.

Ce parti, dangereux par le nombre de ses adhérents et l'énergie de ses convictions, a la couleur du sang dont il désire s'abreuver. Il menace la société d'une subversion totale. Le pillage, le vol, la terreur, la spoliation, la destruction de la famille et de la propriété : tels sont les rêves dont il se berce, les projets qu'il médite, les espérances qu'il caresse avec ardeur.

Les réactionnaires, les contre-révolutionnaires, les conservateurs de la veille ou du lendemain, tous ralliés sous les étendards de la République blafarde, appliquent indistinctement l'épithète de *rouge* à quiconque sollicite des réformes.

Celui qui trouve que nous ne sommes pas

dans le meilleur des mondes possibles... rouge !

Le journaliste qui désire pouvoir exprimer sa pensée, sans avoir 24,000 francs dans sa poche... rouge !

Celui qui réclame pour tous une instruction proportionnée à leurs capacités respectives... rouge !

Celui qui pense qu'en matière de contributions il faut atteindre le superflu et dégrever le nécessaire... rouge !

Celui qui nie l'utilité de la guerre industrielle, de la concurrence illimitée... rouge !

Celui qui souhaite qu'on rende les tribunaux également accessibles à tous les plaideurs... rouge !

Celui qui regarde le droit au travail comme tout aussi légitime que le droit de ne rien faire... rouge!

Les partisans de l'association, des taxes somptuaires, du crédit foncier... rouges!

Ceux qui veulent une administration simplifiée, la diminution des gros traitements, le règne absolu de la probité, du dévouement et de la justice... rouges! ultra-rouges! archi-rouges!

S'il y avait un contre-poids à tant de calomnies; si elles pouvaient être réfutées à mesure qu'elles sont émises; si la défense était aussi libre, aussi complète que l'accusation, les Républicains rouges renverseraient aisément l'échafaudage élevé contre eux; mais les Républicains rouges sont proscrits ou persécutés. La Démocratie est comme Prométhée sur son roc, livrée au bec insatiable des vautours.

Lorsqu'elle veut élever la voix, elle sent entre ses dents le bâillon du cautionnement.

Sur la place publique, elle est environnée d'espions inquiets et de baïonnettes menaçantes.

Dans les clubs, elle est soumise à la surveillance d'un pouvoir ombrageux; et de nouvelles chaînes, plus dures et plus restrictives, se forgent peut-être pour elle à l'arsenal législatif.

Hâtons-nous donc, pendant qu'il en est temps encore!

Profitons de la liberté qui nous reste pour éclairer le pays, pour montrer au peuple quels sont ses véritables défenseurs.

Renvoyons aux *Incolores* les inculpations dont ils prétendent nous accabler, comme ces soldats de la Révolution, qui, dans les champs de Fleurus, arrachaient la balle de leur blessure pour la renvoyer à l'ennemi.

Nous sommes, dit-on, des buveurs de sang !

Nous demandons la tête du *Constitution-nel !*

Dans nos banquets, le verre à la main, nous portons des toasts anacréontiques à la *guillotine!*

Nous ne reculerons devant aucune mesure violente et oppressive ; nous marcherons, à la lueur des torches incendiaires, au milieu des cadavres et des ruines !

Puis vient l'invariable évocation des souvenirs de 1793 !

Mais, ô républicains incolores ! au lieu de fouiller dans les annales de nos pères, sans tenir compte des progrès accomplis depuis soixante ans, que ne vous rappelez-vous des faits plus récents! Vous avez vu, après le 24 février, ces combattants qui plantaient le drapeau rouge sur les barricades, ces francs et rudes démocrates, qui soutenaient les idées rouges d'organisation du travail et d'émancipation des prolétaires. Eh bien! n'avez-vous pas été les premiers à exalter, en termes emphatiques, leur générosité et leur grandeur d'âme? Quelles vengeances ont-ils exercées? où sont les atrocités dont ils ont souillé leur triomphe?

Sont-ce des Républicains rouges qui ont dit d'un Représentant du peuple, en lui arrachant des *poignées de cheveux :* « Il faut le tuer, ce sera plus tôt fait! »

Sont-ce des Républicains rouges qui ont outragé, menacé, frappé de misérables vaincus?

Sont-ce des journaux de la nuance écarlate qui se sont érigés en dénonciateurs, qui ont mis la police sur la piste des fugitifs, qui ont indiqué d'odieux moyens pour empêcher les prisonniers de s'évader?

Des accusés subissant six mois de détention préventive ; des insurgés passés immédiatement par les armes ; quatre mille hommes déportés en masse et sans jugement, voilà des faits qui ne se rencontrent que dans les annales de la modération ; et si jamais, ce qu'à Dieu ne plaise, le peuple se laissait entraîner à des excès, ce seraient les Incolores qui lui en auraient donné l'exemple.

Quant aux Républicains rouges, loin de songer à régner par le sabre, loin d'attenter à la vie ou à la pensée humaine, ils ont aboli la peine de mort en matière politique ; ils ont supprimé le cautionnement, cette autre peine de mort de la presse populaire.

Ils, auraient, si on les avait laissé faire, chassé les bourreaux en même temps que les rois ; ils auraient relégué dans un même coin les planches du trône et les planches de l'échafaud. Vainqueurs, et pensant imposer leur loi aux royalistes consternés, ils ont accepté la discussion de tous les partis. Des clubs omnicolores ont émis leurs vœux ; des journaux de nuances diverses ont exprimé ouvertement leur adhésion ou leur blâme, leurs sympathies ou leur hostilité. Quand l'heure des élections a été proche, tous ceux qu'avait effrayés la Révolution, tous ceux qui regrettaient la monarchie, tous ceux dont les opinions ou les intérêts étaient lésés par le mouvement de Février, ont pu tripoter à leur aise la matière électorale. Les anciens électeurs et éligibles, se croyant prédestinés par la nature à sauver le Capitole, ont exercé sans entraves leur vieille influence. Ils se sont déclarés les arbitres des candidatures, et les ont impunément vannées, blutées, tamisées, afin de rejeter dans les déchets toute la balle démocratique.

Ainsi le parti qui accuse les démocrates de férocité a recueilli le bénéfice de leur clémence. Il ne doit son avénement qu'à leur respect pour l'existence, pour la liberté individuelle, pour la liberté de la presse, pour les droits de réunion et de discussion. Rien ne dément mieux les déclamations furibondes des Modérés, que l'influence qu'il leur a été permis d'usurper; et ils devraient, uniquement par reconnaissance, s'abstenir d'assertions qu'ils savent mensongères, et que leur conscience désavoue.

Des cris de mort sont quelquefois sortis des rangs de la République rouge; mais contre quels hommes ces cris étaient-ils proférés? contre ceux qui auraient osé violer la Propriété. Un drapeau pris au Panthéon, le 25 juin, portait cette inscription : *Vivre en travaillant ou mourir en combattant! Mort aux voleurs!* Sur la maison n° 10, rue des Amandiers-Popincourt, les insurgés de juin avaient cloué une pancarte avec ces mots : *Mort aux pillards!* Des devises analogues étaient tracées à la craie sur les volets des boutiques, dans les faubourgs Saint-Jacques et Saint-Antoine. La garde mobile campée le 26 juin dans la rue Dauphine, avait réuni en trophées plusieurs drapeaux, sur lesquels on lisait : *Hommage à la propriété! respect à la propriété!*

Ce respect, ô Républicains Incolores! est profondément enraciné dans le cœur des citoyens dévoués que vous essayez de flétrir.

L'horreur du vol est instinctive en France ; l'histoire est là pour attester qu'en 1789, en 1792, en 1830 et 1848, dans toutes les grandes phases révolutionnaires, le peuple a fusillé les voleurs, et qu'il a, comme le dit un poëte, *gardé à jeun les trésors de l'État.*

Nul de nous n'a conçu la pensée de bouleverser les fortunes, d'arracher aux riches le fruit de leur épargne ou l'héritage de leurs ancêtres ; mais ce qui nous distingue des Républicains pâles, c'est que, tout en voulant comme eux garantir au propriétaire la jouissance paisible de son revenu, nous songeons aux intérêts du travailleur qu'ils négligent. Nous ne pouvons oublier comme eux que la société ne se compose pas uniquement de capitalistes, de rentiers, de bailleurs de fonds, d'entrepreneurs ; que les ouvriers, les prolétaires, les salariés, les producteurs, constituent la majorité de la nation. L'amélioration de cette majorité nous paraît le premier devoir du gouvernement, la plus urgente nécessité de l'époque, la condition la plus indispensable de l'ordre public.

Il n'y aura point de société stable et bien assise :

Tant que des millions de familles végéteront dans l'ilotisme et dans la misère ;

Tant que chaque commune aura à sa charge des bandes de mendiants déguenillés ;

Tant que l'excès de la libre concurrence amènera la baisse constante des salaires ;

Tant que l'ouvrier à la merci des entrepreneurs leur résistera par les coalitions et par les grèves ;

Tant que l'instruction et le bien-être ne seront point répandus dans les populations ;

Tant que les talents pauvres céderont la place aux pauvres talents ;

Tant qu'un gouvernement démocratique ne prendra pas sous sa puissante tutelle les faibles et les malheureux.

Mais la sympathie même que nous éprouvons pour les souffrances du peuple, est un nouveau grief aux yeux des modérés, aux yeux des monarchiens de la rue de Poitiers, des folliculaires de la rue de Valois. « Voyez les utopistes ! s'écrient-ils : ils veulent réaliser l'Eldorado sur la terre ; ils prétendent posséder une panacée qui guérira toutes les blessures ; ils se flattent de réaliser une prospérité chimérique, de faire en sorte que la patrie n'ait plus d'enfants déshérités ! »

Suivant vous, conservateurs *quand même*, le peuple serait donc condamné à un éternel malheur ! L'ouvrier resterait constamment sous le joug du maître, et n'aurait d'autre ressource en sa vieillesse que la commisération publique. Les maires continueraient à distribuer, chaque hiver, des circulaires par lesquelles ils réclameraient un *peu de pain, un peu de bois, quelques habits* pour des milliers d'indigents. Les paysans qui moissonnent et vendangent n'auraient souvent pour aliment qu'un pain grossier, pour boisson que l'eau saumâtre des fontaines...

Mais c'est un blasphème ! c'est calomnier Dieu ; c'est outrager la Providence ; c'est méconnaître la sainte loi Evangélique, ce levain de progrès et de réformes, qui fermente dans le monde depuis dix-huit cents ans !

Selon nous, le but de la société est l'amélioration continue de la condition humaine.

La société doit à tous ses membres, sans

aucune distinction de naissance, le développement libre de toutes leurs facultés.

L'éducation ;

L'instruction ;

Les instruments de travail ;

La jouissance de leurs produits ;

L'amélioration de leur sort.

Selon nous, la révolution de Février n'a pas eu pour but unique de mettre un président à la place d'un roi ;

D'installer le citoyen Marrast sur le fauteuil de M. Sauzet ;

De nous donner dans le citoyen Dufaure un duplicata de M. Guizot ;

Les causes et les conséquences de la Révolution se résument en une seule devise : « améliorer le sort de la classe la plus nombreuse et la plus pauvre. »

A quoi bon vous répéter cet axiome, républicains de l'espèce Albinos? Vous le connaissez aussi bien que nous ; une main mystérieuse le trace sur vos murailles ; il retentit à vos oreilles ; il vous circonvient de toutes parts. Pourquoi persistez-vous à ne pas voir, à ne pas entendre, à regimber sous l'aiguillon?

C'est que, d'un côté, vous n'avez pas l'amour ardent du peuple, la fraternité sincère, la foi démocratique, qui peuvent seuls sauver la France ; de l'autre, vous manquez de capacité et de résolution. Nés à la vie politique au milieu des luttes de la monarchie, on vous a nourris de phrases creuses et de mesquineries parlementaires. Vous n'avez étudié que les rouages, les frottements, les combinaisons de la machine gouvernementale ; les fonctions qu'elle doit remplir vous sont inconnues. Vous examinez curieusement les ressorts de la pendule, sans vous soucier qu'elle marque l'heure et qu'elle sonne.

Cessez de nous reprocher d'être des anarchistes.

Anarchie veut dire désordre, confusion, absence de direction sociale.

Les véritables anarchistes sont les eunuques politiques qui s'arrêtent, indécis et inertes, devant des difficultés complexes ;

Qui témoins de misères invétérées, n'y apportent que de stériles palliatifs ;

Qui laissent la société sans impulsion, sans boussole, sans guides, livrée à des causes permanentes de malaise et de désordre.

Cessez de nous reprocher d'être des théoriciens vagues, des rêveurs, fabricants de systèmes inapplicables, car vous n'avez proposé aucune mesure propre à terminer la crise actuelle et à prévenir les crises ultérieures.

Vous vous traînez péniblement dans le sillon du passé, et si les vieilles institutions se trouvent insuffisantes, si les circonstances exigent des innovations, vous êtes complète ment *à quia*.

C'est à votre instigation que l'Assemblée nationale, dont nous reconnaissons d'ailleurs le caractère inviolable et souverain, a repoussé toute révision de l'impôt, toute nouvelle institution de crédit.

Nous persistons à croire qu'une banque hypothécaire, convenablement organisée, eût rendu d'immenses services, et qu'un papier dont le sol est la garantie, a une valeur aussi positive que l'or et l'argent.

Nous persistons à croire que l'échelle progressive est le but le plus équitable de l'impôt, et la plus puissante sauvegarde de la propriété.

Le *Constitutionnel*, en son numéro du 28 octobre, rappelle aux socialistes la séance du 17 mars 1793, dans laquelle la Conven- tion décréta la peine de mort contre *quicon- que proposerait des mesures subversives des propriétés territoriales, commerciales, ou industrielles.*

Mais la feuille du citoyen Thiers se garde bien de citer la suite de la séance. Quand on eut consolidé la stabilité des propriétés de toute nature, Barrère proposa *l'impôt pro- gressif comme une institution infiniment juste.* Des applaudissements presque una- nimes se firent entendre : *Aux voix ! le principe !* s'écria-t-on dans toutes les par- ties de la salle ; et montagnards et girondins oubliant un moment leurs discordes, votèrent ensemble la rédaction suivante.

« Pour atteindre à une proportion plus

exacte dans la répartition des charges, que chaque citoyen doit supporter en raison de ses facultés, il sera établi un impôt gradué et progressif sur le luxe et les richesses, tant foncières qu'immobilières. »

Plus logique que les libéraux, la Convention comprenait qu'elle devait concilier à la fois tous les intérêts. Elle disait à la classe aisée : nous nous engageons à exterminer tes ennemis ; mais vois cette multitude qui supporte de lourdes charges, et n'a qu'une part médiocre aux avantages sociaux. Eh bien, consens à retrancher quelques parcelles de tes jouissances pour qu'elle suffise à ses besoins.

C'était aux traditions conventionnelles, conservées par les Républicains rouges, que le Gouvernement devait avoir recours, pour réparer le désordre des finances. C'était à *l'impôt progressif* qu'il fallait demander des ressources.

L'administration publique a eu jusqu'à ce jour deux vices essentiels ; le premier, d'accroître démesurément les dépenses ; le second, de chercher l'argent où il n'est pas, et de ne pas le chercher où il se trouve. Les bénéfices de la production se divisent en deux parts : l'une sous le nom de rentes, fermages, loyers, intérêts, grossit l'épargne du capitaliste ; l'autre constitue le salaire des travailleurs. Il s'agit, dans la répartition des charges publiques, d'atteindre la fortune et d'émanciper la pauvreté.

On nous a objecté que l'impôt progressif n'était pas applicable ; mais il est aisé de démontrer le contraire. Des statistiques dressées à la fin du règne de Louis-Philippe, établissent qu'il y a en France deux millions de mendiants ; dix millions de prolétaires ; huit millions de petits propriétaires qui possèdent un clos, une vigne, une chétive chaumière ; huit millions d'habitants jouissant d'une aisance plus ou moins considérable ; cinq millions de riches. Le revenu de ces trois dernières classes, est d'environ 9 milliards, dont les deux tiers au moins appartiennent à la haute aristocratie. Quoi de plus facile que d'imposer une somme aussi considérable, composées de valeurs connues et solidement assises ? Le seul obstacle à redouter dans le recouvrement, serait le mauvais vouloir des riches ; mais comment ne consentiraient-ils pas à des sacrifices, si on leur parlait au nom de la justice, au nom de l'humanité, au nom de leur sécurité personnelle ?

Nous croyons que, dans la question économique, la raison est du côté des Républicains rouges. Ils ne viennent pas consacrer la spoliation ; ils tâchent au contraire de la poursuivre, de l'atteindre, de l'anéantir partout où elle se trouve. Dans l'état actuel des choses, un petit propriétaire tire de son immeuble 500 francs, dont il abandonne 100 à l'État ; un autre, qui touche 50 mille francs de revenu, paye seulement 1,000 francs d'impôt foncier ; il y a spoliation.

La cote personnelle est la même pour le capitaliste et le prolétaire ; il y a spoliation.

Le rentier échappe à toute participation dans les charges publiques…. spoliation.

La gabelle, en centuplant la valeur réelle du sel, n'empêche pas qu'il soit servi sur nos tables ; mais elle prive les pauvres agriculteurs des ressources qu'il offrirait…. spoliation.

Les fenêtres du palais et de la cabane sont égales devant le percepteur... spoliation.

Un droit de 50 fr. frappant également la barrique de vin du prix de 25 fr. et celle qui en vaut 400, la première subit une augmentation de valeur de 200 p. 100; la seconde, de 12 1/2 p. 100... spoliation.

La République qui veut détruire ces abus n'est donc pas la République du vol.

La République qui a essayé de jeter bas l'échafaud, n'est pas celle de la violence.

La République qui réclame une puissante action du gouvernement dans l'intérêt populaire, n'est pas celle de l'anarchie.

La République qui a proposé des réformes positives, quand les fauteurs du *statu quo* persistaient à se traîner dans les vieilles ornières, n'est pas celle des utopistes et des songe-creux.

C'est faute d'avoir adopté ses principes et d'en avoir poursuivi franchement l'application, que la France végète et souffre depuis dix mois.

Si, comme le voulaient les démocrates, l'assiette des impôts eût été changée, la population des campagnes, loin d'être hostile au régime nouveau, le saluerait par d'unanimes acclamations.

Si les promesses faites à l'Hôtel de ville avaient eu un commencement de réalisation, nous n'aurions eu ni 15 mai ni 23 juin.

Si les idées du *parti rouge* sur la présidence avaient été admises, nous ne verrions pas les ambitions déchaînées, l'anxiété entretenue dans le pays ; nous n'aurions pas la triste perspective d'une lutte intestine, ou tout au moins d'un conflit perpétuel entre la repré-

sentation nationale et le pouvoir exécutif;
entre la tête et le bras.

Ces vérités sont aujourd'hui évidentes
pour tous; chaque jour démontre plus clai-
rement l'insuffisance du *juste-milieu* répu-
blicain; chaque jour, des gens de toutes les
classes, de toutes les opinions, enfermés par
lui dans un cercle de misère, s'écrient :
« Mieux vaudrait encore la *République
rouge!* » A la vérité, la démocratie radicale,
à laquelle ils donnent cette qualification,
n'est acceptée par la plupart que comme un
remède extrême, que comme un moyen tran-
sitoire d'en finir avec une situation déplo-
rable; mais, aux yeux de quiconque observe
avec impartialité la marche des événements,
l'avenir appartient à cette République rouge,
si injustement repoussée. Elle dominera,
parce qu'elle seule aime et protége efficace-

ment le peuple ; parce qu'elle seule a la foi politique, au milieu du scepticisme univer- sel ; parce qu'elle est la conséquence logique, irrécusable, de la révolution de Février.

FIN.